Elke Voigt

Kommt denn da auch Shampoo rein?

Mit Illustrationen von Anna Karina Birkenstock

neukirchener
aussaat

Bibliografische Information der Deutschen Nationalbibliothek
Die Deutsche Nationalbibliothek verzeichnet diese Publikation in der
Deutschen Nationalbibliografie; detaillierte bibliografische Daten sind
im Internet über http://dnb.d-nb.de abrufbar.

3. Auflage 2011
© 2005 Neukirchener Verlagsgesellschaft mbH, Neukirchen-Vluyn
Umschlaggestaltung: Hartmut Namislow unter Verwendung
einer Illustration von Anna Karina Birkenstock, Hennef
Gesamtherstellung: Grafik Media Produktionsmanagement, Köln
Printed in Czech Republic
ISBN 978-3-7615-5848-5

www.neukirchener-verlage.de

Inhalt

Vorwort

Dieses Buch ist für Kinder und Erwachsene geschrieben.
Im ersten Teil wird die Geschichte der sechsjährigen Leonie und ihres kleinen Bruders erzählt.
Wir begleiten sie auf ihrem Weg zur Taufe.
Ausgangspunkt dabei sind Leonies Erfahrungen mit Taufe. Sie erlebt die Taufe ihrer Freundin mit und lässt das Geschehen zunächst unmittelbar auf sich wirken.
Dann beginnt sie zu fragen.
Sie möchte selbst getauft werden.
Im Taufgespräch, welches ausführlich dargestellt ist, erklärt die Pfarrerin das Taufgeschehen.

Im zweiten Teil „Für die Erwachsenen" werden Ursprung und Sinn der Taufe erklärt.
Ebenso gibt es Hinweise zu Kindertaufe/Erwachsenentaufe, zur Ökumene, und zu Zeichen.

Für die Praxis gibt es Hinweise zu Texten, Gebeten und Liedern.

Dies Buch möchte Erwachsenen helfen, Kindern die Taufe zu erklären, und ihnen selbst Orientierung in theologischen und praktischen Fragen zur Taufe geben.

Viel Aufregung für Leonie

Es ist Donnerstag.
Leonie ist aufgeregt, sehr, sehr aufgeregt.
Und das hat mehrere Gründe:
Morgen ist ihr Rausschmiss aus dem Kindergarten.
Gestern ist Mama mit dem neuen kleinen Brüderchen aus dem Krankenhaus gekommen.
Sonntag wollen sie alle vier, oder nur sie und Papa, in die Kirche gehen, denn ihre kleine Nachbarin Mona wird getauft.

Aber erst kommt der Rausschmiss.
Leonie geht nach den Sommerferien in die Schule.
Und morgen werden alle Schulkinder aus dem Kindergarten geschmissen.

Leonie hat letztes Jahr dabei zugeschaut.

Dann liegen Gymnastikmatten vor der Kindergartentür.

Jedes Schulkind wird von seinen Erzieherinnen an Füßen und Händen gepackt und im hohen Bogen aus dem Kindergarten geworfen – zum Glück auf die weichen Matten.

Dann ist sie wirklich ein Schulkind.

Ein bisschen traurig ist sie auch, denn die Kindergartenzeit war schön.

Drei Jahre lang war sie, bis auf die Wochenenden und die Ferien, jeden Tag mit ihren Erzieherinnen Gabi und Margareta zusammen. Außerdem hat sie neue Freundinnen gefunden.

Milena, Nikolina, Miriam – und sie hatten viel Spaß zusammen. Und sie werden auch zusammen in die Schule gehen, hoffentlich in die gleiche Klasse.

Und dann ihr süßes Brüderchen!

Es ist sehr winzig und schläft ganz viel, manchmal schreit es aber auch laut.

Mama ist noch ganz müde von der Geburt. Außerdem weiß Tom noch nicht, wann Tag ist und wann Nacht ist.

Deshalb will er alle paar Stunden an Mamas Brust trinken, sogar mitten in der Nacht.

Gestern hat Papa ihn gebadet, dabei hat Tom komische Geräusche gemacht und mit seinen Beinchen gestrampelt. Er ist unheimlich süß.

Leonie freut sich schon darauf, wenn er mal größer ist und sie mit ihm spielen kann.

Aber das dauert noch, hat Mama gesagt.

Für Leonie ist es auch seltsam, dass sie nicht mehr allein ist. Papa und Mama verbringen viel Zeit mit Tom. Vorhin durfte Leonie auch beim Wickeln helfen, sie konnte den kleinen Popo von Tom eincremen und die Windel zumachen.

Da hat sie sich wirklich wie eine große Schwester gefühlt! Das war schön.

Noch drei Mal Schlafen, dann gehen sie in die Kirche.

Die ist gar nicht weit weg, fast direkt neben dem Kindergarten. Sie kommt oft da vorbei. Einmal waren sie mit der Kindergartengruppe da und haben sich alles angeschaut und von der Pfarrerin erklären lassen. Aber viel hat sie nicht verstanden.

Ihre Nachbarin Mona ist vier Jahre alt. Sie wird Sonntag getauft, und Leonies Papa wird ihr Patenonkel.

Ob Mama und Tom Sonntag mitgehen, wird Mama Sonntag entscheiden. Vielleicht ist sie auch zu müde.

Danach wird in Monas Garten gefeiert.

Sie schenken ihr eine Schubkarre für den Garten.

Der Rausschmiss

Leonie wacht Freitagmorgen ganz früh auf.

Es ist noch ruhig.

Papa hat Urlaub, er schläft noch.

Mama und Tom sitzen im Wohnzimmer im Schaukelstuhl. Tom trinkt.

Mama liest Leonie eine Geschichte vor.

Leonie kann es kaum erwarten, bis sie heute in den Kindergarten gehen kann! Ihr letzter Tag ist tatsächlich da. Aber Gabi hat gesagt, dass sie in den Schulferien auch mal zu Besuch in den Kindergarten kommen darf.

Als Tom fertig getrunken hat, wickeln sie ihn und ziehen ihn um.

Leonie wäscht sich und zieht sich an. Dann frühstücken alle gemeinsam. Nur die Eltern sind noch im Schlafanzug.

Leonie drängelt. Endlich ist das Frühstück beendet. Papa macht sich fertig und geht zu Fuß mit Leonie zum Kindergarten. Miriam ist schon da. Sie zwei sind heute die Ersten.

„Und nicht vergessen, heute um 11.30 Uhr ist der Rausschmiss! Danach gibt es noch Würstchen und Limo und Sekt."

„Wie könnte ich das vergessen?!", lacht der Vater. Dann ist er weg, und Leonie spielt den ganzen Vormittag.

Sie merkt dann doch nicht, wie die Zeit vergeht.

Gabi und Margareta bitten die Kinder aufzuräumen. Dann gehen alle in die Eingangshalle. Vor der Tür sieht man schon viele Eltern stehen. Auch Leonies Mama und Papa sind mit Tom da. Tom liegt im Kinderwagen. Viele schauen da hinein.

Die Turnmatten liegen schon draußen.

Die Tür ist noch zu.

Die Kinder sollen sich aufstellen.

Leonie ist die Dritte.

Mit lautem 1-2-3 wird Milena hinausgeworfen. Milenas Mama weint ein bisschen.

Dann ist Miriam dran.

Endlich sie selbst.

Ihr ist ganz schwindlig.
Im hohen Bogen landet sie auf den Matten. Papa hat sie dabei fotografiert.

Als alle dran waren, gehen sie auf den Hof des Kindergartens und feiern noch miteinander.

Zu Hause räumt Leonie die Kindergartentasche aus. Sie legt sie in den Schrank, später kann Tom sie ja benutzen, denkt sie.
Am Abend ist sie müde und geht freiwillig früh ins Bett.

Am Samstag gehen sie einkaufen. Nachmittags kommen Oma Sofie und Opa Jochen zu Besuch.
Abends fragt sie Mama, ob sie sich am Sonntag schön anziehen darf, wenn sie in die Kirche gehen. Sie suchen ein Kleid aus und weiße Söckchen. Leonie ist gespannt, wie so eine Taufe funktioniert.

Monas Taufe

Sonntagmorgen frühstücken sie gemütlich. Papa hat Brötchen aufgebacken.
Danach erst ziehen sich alle an. Mama ist schon etwas ausgeruhter. Sie will mitgehen. Wenn Tom in der Kirche schreit, geht sie mit ihm schon in Monas Garten.

Sie gehen los. Leonie darf den Kinderwagen schieben.
Mona und ihre Familie stehen am Kircheneingang.
Außerdem ist da noch eine Familie mit einem kleinen Baby, das ein langes weißes Kleid trägt.
„Lukas wird auch getauft", sagt Mona.
„Aber er ist doch noch so klein", sagt Leonie.
„Manche Kinder werden als Babies getauft, andere erst später", sagt Monas Mutter Annette.
Schließlich gehen sie hinein.
Die Glocken beginnen zu läuten. Das hört sich sehr feierlich an.
Sie sitzen ziemlich weit vorn. Papa sitzt bei Mona, ihren Eltern und ihrer Schwester Isabel und Monas baldiger Patentante Ira in der ersten Reihe. Leonie mit ihrer Mutter direkt dahinter. Der Kinderwagen steht neben ihnen im Gang. Die andere Tauffamilie sitzt vorn auf der anderen Seite.
Vorn auf dem Tisch stehen schöne Blumen. Zwei Kerzen brennen.
Auf dem Tisch steht eine Silberschale, wie eine große Schüssel, daneben liegen weiße Tücher.

Die Glocken klingen aus.

Die Pfarrerin kommt herein, sie trägt ein langes schwarzes Kleid mit einem kleinen weißen Lätzchen.

Die Orgel spielt wunderschön.

Danach tritt die Pfarrerin ans Mikrofon und spricht:
„Im Namen des Vaters und des Sohnes und des Heiligen Geistes. Amen."
Sie begrüßt alle herzlich.
Dann sagt sie: „Mona, komm doch mal zu mir, damit dich alle sehen können. Liebe Gemeinde, Mona wird heute getauft. Darüber freuen wir uns sehr. Wir nehmen sie damit in die christliche Gemeinde auf."
Dann geht sie zu der anderen Tauffamilie und hebt Lukas hoch.
„Liebe Gemeinde, schauen sie, das ist Lukas. Er ist 6 Wochen alt und wird heute getauft."
Alle freuen sich, das Baby sehen zu können.
Es ist ganz ruhig. Tom zum Glück auch. Er schläft.
Sie singen „Der Gottesdienst soll fröhlich sein..."
Dann wird es langweilig für Leonie.

Ein Psalm wird gelesen und ein Gebet gesprochen.
Die Menschen singen etwas Kurzes, das sie auswendig können.
Dann kommt ein Spruch und wieder Gesang.

„Und jetzt wollen wir uns auf die Taufen konzentrieren", sagt Pfarrerin Menzel.
Sie liest einen Text vor, in dem Jesus sagt, dass Menschen getauft werden sollen. Ob kleine oder große Menschen, sagt sie nicht.
Sie hält eine Rede über die Taufe und die Taufsprüche von Mona und Lukas.
Dann sollen die Tauffamilien nach vorn kommen. Leonie darf mit.

Die Pfarrerin fährt fort:
„Liebe Eltern und liebe Paten, wollen Sie, dass Mona und Lukas getauft werden, und versprechen Sie, nach Ihren Möglichkeiten dazu beizutragen, dass sie im christlichen Glauben erzogen werden, so antworten Sie: Ja."
„Ja", sagen die Eltern und Paten im Chor.

Zuerst tauft sie Lukas. Seine Mutter hat ihn auf dem Arm und hält ihn über die silberne Schüssel. Die Pfarrerin nimmt Wasser in die hohle Hand, das gießt sie Lukas über den Kopf und sagt:
„Lukas, ich taufe dich im Namen des Vaters und des Sohnes – wieder neues Wasser – und des Heiligen Geistes – wieder neues Wasser.
Dein Taufspruch lautet: Der Herr ist mein Hirte, mir wird nichts mangeln."
Sie legt Lukas eine Hand auf den Kopf und sagt: „Lukas, Gott segne und behüte dich. Amen"

Dann geht sie zu Mona.

„Mona, willst du getauft werden?"

„Ja", sagt Mona.

Papa nimmt die silberne Schüssel und hält sie vor Mona.

Dann wiederholt die Pfarrerin, was sie bei Lukas gemacht hat.

„Dein Taufspruch, Mona, ist: Ich will dich segnen, und du sollst ein Segen sein."

Sie gratuliert allen, die Erwachsenen bekommen noch allerhand Urkunden und Hefte.

Mona bekommt eine Kinderbibel geschenkt, Lukas auch. Die nimmt seine Tante an.

„Wir wollen noch für die beiden beten..."

Sie beten dafür, dass Mona und Lukas gesund bleiben, dass sie fröhliche Menschen sein sollen, dass immer jemand für sie da ist und dass sie gern an Gott glauben sollen.

Zwei Taufkerzen werden an den großen Kerzen vorn angezündet.

„Christus sagt: Ich bin das Licht der Welt", sagt die Pfarrerin dazu.

Alle setzen sich wieder.

Sie singen ein Lied, das Leonie aus dem Kindergarten kennt:

Wenn einer sagt: „Ich mag dich, du, ich find dich ehrlich gut", dann krieg ich eine Gänsehaut und auch ein bisschen Mut.
Wenn einer sagt: „Ich brauch dich, du, ich schaff es nicht allein", dann kribbelt es in meinem Bauch, ich fühl mich nicht mehr klein.
Wenn einer sagt: „Komm, geh mit mir, zusammen sind wir was", dann werd ich rot, weil ich mich freu, dann macht das Leben Spaß.
Gott sagt zu dir: „Ich hab dich lieb und wär so gern dein Freund. Und das, was du allein nicht schaffst, das schaffen wir vereint!"

Dann gibt es noch eine lange Rede, die man Predigt nennt. Danach noch Lieder und Gebete.

Als das Orgelspiel am Schluss verklungen ist, stehen sie auf und gehen nach vorn. Mona wird fotografiert: Die Paten und die Pfarrerin sollen mit auf's Bild und natürlich die Taufschale und die Taufkerze.

Tom schläft immer noch.

Alle gratulieren Mona.

Sie gehen in den Garten, dort bekommt sie ihre Geschenke. Mona freut sich sehr über die Schubkarre.

Sie lädt gleich Geschenke hinein und fährt sie ins Haus.

Sie grillen und essen Salate, anschließend noch ein Eis.

Leonie ist pappesatt.

Die Erwachsenen erzählen, die Kinder spielen.

Nach dem Kaffeetrinken wird ein Foto von allen gemacht. Dann gehen sie nach Hause.

Leonie ist müde. Sie hat noch viele Fragen zur Taufe.

„Papa, bin ich als Baby getauft worden?"

„Nein, du bist gar nicht getauft. Als du ganz klein warst, waren wir neu in der Stadt und kannten keine Menschen, die Paten sein könnten. Und als du größer wurdest, haben wir nicht mehr so richtig darüber nachgedacht."

„Papa, was machen denn Paten, und warum gießt die Pfarrerin drei Mal Wasser über den Kopf, und wieso gibt´s eine Taufkerze, und was waren das für Papiere, die Ihr bekamt, und warum wurde da nach der Erziehung gefragt und ..."

„Stop, Leonie, das sind wichtige Fragen, aber nicht mehr heute. Schlaf jetzt schön, gute Nacht".

„Gute Nacht, Papa".

Aber morgen frage ich, denkt Leonie noch, dann schläft sie ein.

Leonies Fragen

Am nächsten Tag kann Leonie ausschlafen.

Sie frühstücken gemütlich.

Dann gehen sie spazieren.

Dabei fallen Leonie wieder ihre Fragen zur Taufe ein.

„Papa, was ist ein Pate?", will sie wissen.

„So ganz genau weiß ich das ehrlich gesagt auch nicht. Aber ich will mich um Mona kümmern, auch mal mit ihr in den Familiengottesdienst gehen.

„Und was ist mit dem Wasser?", fragt Leonie.

Der Vater überlegt.

„Wasser ist ein Zeichen für Lebendigkeit. Wo Wasser ist, ist Leben. Und weil wir an Gott, den Vater, den Sohn und den Geist glauben, wird auch dreimal Wasser über den Kopf gegossen, sozusagen für jeden Teil Gottes einmal."

Leonie versteht das nicht so wirklich.

Aber sie lässt nicht locker:

„Was für Papiere habt ihr bekommen, Papa?"

„Die Taufe wird im Familienstammbuch eingetragen, auf der Rückseite der Geburtsurkunde. Außerdem haben Ira und ich Patenurkunden bekommen und die Eltern für Mona eine Taufurkunde. Da steht drauf, wann und wo und von wem sie getauft wurde. Und ihr Taufspruch ist dort vermerkt."

Leonie überlegt.

„Mona hatte eine schöne Kerze. So eine hätte ich auch gern."

Der Vater sagt: „In der Bibel steht, dass Jesus das Leben der Menschen hell machen möchte. Das erzählt auch jede Taufe. Deshalb hat Mona eine Taufkerze."

Jetzt muss Leonie das alles erst mal verdauen.

Sie geht auf den Spielplatz und schaukelt.

„Schade, dass ich nicht getauft bin", denkt sie.

Aber vielleicht wird sie noch getauft.

Sie hätte gern Monas Mutter Annette als Patentante.

Annette ist immer lieb zu ihr, und sie kennt sie schon von klein auf.

Papas Schwester Ute wohnt in Süddeutschland und Mamas Bruder in Berlin. Das ist alles ziemlich weit weg, deshalb kennt sie ihre Onkels und Tanten nicht so sehr gut.

Es ist ein ruhiger Tag.

Tom ist friedlich.

Die großen Kinder haben jetzt Sommerferien. Viele sind wohl verreist, denn es ist ruhig in der Stadt.

Leonie und ihre Eltern fahren diesen Sommer nicht weg. Das ist mit Tom zu stressig.

Aber der Vater hat noch drei Wochen Urlaub und die Mutter ja sowieso Pause.

In Leonie gärt es.

Möchte sie nicht auch getauft werden?

Das ist bestimmt schön, so ein Fest.

Und wenn sie in die Schule kommt, weiß sie auch, wohin sie gehört.

Leonie denkt nach.

Die Kindergartengottesdienste waren so schön.

Und Monas Taufe war sehr festlich.

Nun ist Leonie müde, sie essen noch zu Abend. Dann geht sie ins Bett.

Papa liest ihr noch eine Gutenachtgeschichte vor.

Sie denkt noch lange über alles nach.

Dann schläft sie ein.

Die Eltern sitzen im Wohnzimmer.
Tom liegt im Stubenwagen und schläft.

„Leonie hat mich heute einiges über Taufe gefragt", sagt der Vater. „Was meinst du, sollen wir Tom und Leonie nicht taufen lassen?"
Die Eltern diskutieren hin und her.

Einerseits finden sie es gut, Kinder selbst entscheiden zu lassen. Das wäre jetzt bei Leonie so. Andererseits sind sie sehr glücklich über Tom und wüssten für ihn auch Paten und wollen gern irgendwie ihre Dankbarkeit ausdrücken. Dass die Kinder da sind, ist nicht selbstverständlich.

Die Eltern gehen nicht jeden Sonntag in die Kirche. Aber der evangelische Kindergarten, in den Leonie gegangen ist, ist gut. Dort wurden zu besonderen Gelegenheiten auch Gottesdienste gefeiert.

Sie beschließen, Tom taufen zu lassen und Leonie zu fragen, ob sie will. Morgen wollen sie ein Gespräch mit der Pfarrerin abmachen und einen möglichen Termin überlegen.
Möglichst noch im Sommer.
Aber sie müssen fragen, wann die zukünftigen Paten und die Großeltern Zeit haben.

Wird Leonie getauft?

Leonie ist wieder früh wach. Sie schleicht zum Schlafzimmer der Eltern.
Mama und Tom sind nicht da.
Papa döst vor sich hin. Leise steigt sie unter seine Decke und kuschelt sich an ihn.
Er wird wach.
Sie erzählen ein bisschen, was sie heute so alles vorhaben.
Dann fragt Leonie: „Papa, ich möchte auch getauft werden. Und Monas Mama Annette soll meine Patentante werden, und Opa Jochen soll der andere Pate sein."
„Das trifft sich gut, dass du das sagst, Leonie. Mama und ich wollen gern Tom taufen lassen und wollten dich fragen, ob du auch getauft werden willst oder ob du damit warten willst."

Leonie fällt ihrem Vater um den Hals.
Sie freut sich – und ist mal wieder ganz aufgeregt.

Der Tag vergeht mit Terminabsprachen und Planungen.

Die Taufe von Tom und Leonie soll am 3. Oktober im Erntedank-
gottesdienst stattfinden. Da wird Familiengottesdienst gefeiert, bei dem
auch der Kindergarten dabei ist. Leonie freut sich, bei der Gelegenheit
auch ihre Erzieherinnen und Kinder, die sie kennt, zu sehen.

Die Pfarrerin kommt zu Besuch

Am Nachmittag kommt Pfarrerin Menzel.
Dann wollen sie alle Fragen zur Taufe besprechen.
Mutter backt einen Apfelkuchen. Den isst Leonie besonders gern.
Der Kaffeetisch wird gedeckt. Tom schläft.
Um 16 Uhr klingelt es. Die Pfarrerin ist da.

Sie begrüßt alle und bewundert den schlafenden Tom.
Dann setzen sich alle an den Kaffeetisch.
Sie trinken Kaffee oder Saft und essen Kuchen.

Danach nimmt Pfarrerin Menzel ihre Tasche und holt etwas zum
Schreiben heraus.
„Wir machen erst die Formalitäten“, sagt sie.
„Zu jeder Taufe gibt es ein Taufformular, auf dem alles Mögliche ein-
getragen wird, das leite ich dann weiter an das Verwaltungsamt. Jede
Taufe wird in die Kirchenbücher eingetragen, dann weiß man auch in
100 Jahren noch, wer wo getauft wurde.“

Nachdem sie das Formular für Tom ausgefüllt hat, ist Leonie dran.
„Wann und wo bist du geboren, Leonie?“, fragt sie.
Leonie weiß es.

„Wer sollen deine Taufpaten sein?"

„Annette und Opa Jochen", sagt Leonie.

Die Mutter vervollständigt die Angaben.

Dann sind sie damit fertig.

„Und nun besprechen wir den Ablauf der Taufe, dann kannst du Fragen stellen, Leonie".

Alle sind einverstanden.

„Jede Taufe beginnt mit dem Taufevangelium.

Es lautet so:

Jesus spricht: Mir ist gegeben alle Gewalt im Himmel und auf Erden. Darum gehet hin und macht zu Jüngern alle Völker: Taufet sie auf den Namen des Vaters und des Sohnes und des Heiligen Geistes und lehret sie halten alles, was ich euch befohlen habe. Und siehe, ich bin bei euch alle Tage bis an der Welt Ende. (Mt 28,18-20)

Darin steckt schon der ganze Sinn der Taufe.

Ich finde es gut, dass diese Worte immer verlesen werden, dann weiß jeder, dass sich nicht irgendwer die Taufe ausgedacht hat, sondern dass Jesus will, dass Menschen so in die Gemeinde aufgenommen werden.

Die Kirche hat den Auftrag, Menschen zu taufen. Ganz früher waren das die Erwachsenen, die den Glauben kennen gelernt hatten und zur christlichen Gemeinde gehören wollten. Ihre Zugehörigkeit zu Jesus wurde in der Taufe gezeigt. In manchen Kirchen ist das heute noch so, dass die Menschen erst Ja zum Glauben sagen und sich selber wünschen, getauft zu werden.

Dann ist wichtig, dass Menschen auf Gott, den Vater, den Sohn und den Geist getauft werden.

Wenn Jesus sagt: ...und lehret sie alles halten, was ich euch befohlen habe... dann meint er damit, dass den Täuflingen der Glaube nahe gebracht werden soll.

Sie sollen etwas über den Glauben erfahren, darüber, was Jesus gesagt und getan hat.

So wie du, Leonie, das schon im Kindergarten in den Jesus-Geschichten gehört hast.

Und schließlich gilt jedem Täufling das Versprechen Jesu: Ich bin immer bei dir.
Das ist so sicher wie das Wasser, das über deinen Kopf fließt."

Leonie hat verstanden, was die Pfarrerin gesagt hat.

„Danach halte ich eine Taufansprache, das heißt ich erkläre allen die Taufe und sage auch etwas zu den Taufversen, die ihr mit auf den Weg bekommt.

Dann wird das Glaubensbekenntnis gesprochen. Das ist für Kinder sicher schwierig, aber für Erwachsene ist auch manches daran schwierig. Wir sprechen es, weil sich die Christinnen und Christen darauf als gemeinsame Glaubensgrundlage geeinigt haben. Und im letzten Teil heißt es: Ich glaube an die heilige, christliche Kirche…
Wir gehen davon aus, dass wir eine Glaubensgemeinschaft brauchen, in der wir über den Glauben reden, beten, singen und uns unterstützen. Deshalb müssen auch die Paten zu einer Kirche gehören. Und auch, weil man ihnen sonst nicht das Versprechen zur christlichen Erziehung abnehmen kann.
Nach dem Glaubensbekenntnis kommt ihr nach vorn und auch die Kinder, die zuschauen wollen.
Wer wird zuerst getauft?"

„Ich möchte, dass Tom zuerst getauft wird", sagt Leonie.
„Dann frage ich die Eltern und Toms Paten so:
Liebe Eltern, liebe Paten, wollen sie, dass Tom getauft wird, und versprechen Sie, nach Ihren Möglichkeiten dazu beizutragen, dass er im christlichen Glauben erzogen wird, so antworten Sie : Ja."
„Und wir sagen: Ja", sagt der Vater.

Die Pfarrerin erklärt: „Hier wird deutlich, dass Eltern und Paten die gleiche Verantwortung übernehmen. Und dass die Paten ein kirchliches Amt, eine kirchliche Aufgabe übernehmen. Sie sollen nicht nur besondere Weihnachts- oder Geburtstagsgeschenke vorbeibringen, sondern sich auch um ihre Patenkinder kümmern und dazu helfen, dass sie etwas über den christlichen Glauben erfahren. Das ist ganz unterschiedlich, manche haben einfach Zeit für die Fragen der Kinder, andere gehen mit ihnen zu den Krabbel- oder Familiengottesdiensten, manche schenken Kinderbibeln usw.

Vielleicht ist ihnen und dir, Leonie, aufgefallen, dass ich nach der Erziehung im christlichen, nicht im evangelischen, Glauben frage. Das ist gut so, denn die Taufe wird innerhalb der Kirchen anerkannt. Wenn du später katholisch werden würdest, würdest du nicht noch mal getauft. Das bedeutet auch, dass die Paten nicht evangelisch sein müssen, sie müssen nur zu einer christlichen Kirche gehören.

Und dann kommt endlich die Taufe.

Dabei nehme ich Wasser aus der Taufschale in die hohle Hand. Dann gieße ich es mit den Worten: Ich taufe dich im Namen des Vaters über den Kopf, dann noch mal mit .. des Sohnes.. dann mit ... des Heiligen Geistes...

Es muss fließendes Wasser sein. Denn Wasser reinigt."

„Kommt denn da auch Shampoo rein?",
fragt Leonie.

„Nein", sagt die Pfarrerin lachend. „Ich will dir ja nicht die Haare waschen, aber wir denken daran, dass das Wasser uns vor Gott rein macht, dass uns nichts mehr von Gott trennt. Außerdem ist Wasser, stell dir einen Springbrunnen vor, immer auch ein Zeichen für Lebendigkeit.

Dann lege ich die Hand auf Toms Kopf und spreche seinen Taufspruch."

Taufsprüche wollen sie noch in Ruhe aussuchen und dann telefonisch durchgeben.

„Dann segne ich Tom. Segnen heißt, sagen: Gott meint es gut mit dir, er ist immer bei dir.

Wenn du getauft wirst, Leonie, frage ich auch deine Eltern und Paten. Dann frage ich aber auch dich: Leonie, willst du getauft werden?"

„Und ich sag Ja!", ruft Leonie.

„Wenn du getauft bist, sprechen wir ein Gebet für dich und Tom. Wollt ihr eine Taufkerze haben?"

Leonie überlegt. Monas Kerze war sehr schön.

„Was mache ich denn damit?", fragt Leonie.

„Ich zünde die Taufkerze an der Osterkerze an und sage dazu: Christus spricht: Ich bin das Licht der Welt. Wir hoffen, dass Leonie und Tom auch erfahren, dass Jesus in ihr Leben hineinleuchtet.

In manchen Familien wird die Taufkerze am Jahrestag der Taufe auf den Tisch gestellt, und es wird über die Taufe erzählt, so erinnert man sich daran."

Das gefällt Leonie gut.

Die Pfarrerin schlägt vor, dass die Paten die Taufkerzen selbst gestalten. Mutter schreibt das auf.

Leonie wird langsam müde, es ist doch sehr viel, was dazugehört. Beim Zuschauen schien ihr manches einfacher.

„Haben Sie noch Fragen?"

Es wird noch geklärt, wer wo in der Kirche stehen soll.

Annette soll die Taufschale unter Leonies Kopf halten.

Der Mutter fällt noch eine Frage ein:

„Brauchen die beiden ein Taufkleid?"

„Nein", sagt Frau Menzel. „Sie können aber eins haben. Das Taufkleid ist eigentlich ein Zeichen, so wie man ein neues Kleid anzieht, so wird man neu, wenn man glaubt. Man sieht die Welt vom Standpunkt des Glaubens aus und weiß, dass man bei Gott geborgen ist. Deshalb müsste man das Taufkleid eigentlich auch erst nach der Taufe anziehen."

Leonie will noch überlegen. Tom soll das Mini-Kleid anziehen, in dem schon sein Vater getauft wurde.

Oma hatte es damals selbst genäht und bestickt.

Tom fängt an zu schreien. Muter nimmt ihn und stillt ihn.

Pfarrerin Menzel verabschiedet sich.

Sie nimmt das Familienstammbuch mit. Darin sind auch die Geburtsurkunden von Leonie und Tom. Auf deren Rückseite trägt sie die Taufe ein.

Leonie hat Lust zu malen. Sie malt ihre Taufe.

Die Zeit vergeht

Leonie und ihre Eltern planen den Tauftag.

Viele Freunde werden eingeladen. Zum Glück haben sie eine große Wohnung. Das Mittagessen findet sowieso noch im Gemeindehaus statt, da essen sie dann mit allen Gottesdienstbesuchern zusammen eine Suppe.

Zum Kaffeetrinken gehen sie nach Hause.

Die Ferien gehen zu Ende.

Leonies erster Schultag ist da.

Sie hat ein neues Kleid bekommen, das sie auch zur Taufe tragen wird.

Sie hat eine nette Lehrerin und ist ja auch mit ihren Kindergartenfreundinnen zusammen in der Klasse.

Tom bewegt sich schon mehr, und er lallt vor sich hin. Das findet Leonie sehr süß.

Am Vorabend der Taufe decken sie den Tisch festlich. Mutter hat vier Kuchen gebacken, auch der leckere Apfelkuchen ist dabei.

Leonie kann vor Aufregung schlecht einschlafen.

Am Sonntagmorgen ist sie ganz früh wach.

Beim Frühstück besprechen sie noch mal die Taufe.

Endlich gehen sie zur Kirche.

Es ist so ähnlich wie bei Monas Taufe. Aber die Kindergartenkinder singen und spielen. Das ist ganz und gar nicht langweilig.

Endlich ist es so weit. Sie gehen nach vorn. Tom wird getauft.

Dann ist Leonie dran. Sie spürt das Wasser auf dem Kopf und hört ihren Taufspruch:

Gott sagt: Ich habe dich bei deinem Namen gerufen. Du bist mein.

Als die Pfarrerin sie segnet, wird ihr ganz warm vor Freude.

Sie bekommt eine Kinderbibel als Geschenk der Gemeinde. Ihre Taufkerze ist sehr schön geworden. Annette hat ihren Namen darauf geschrieben und den Taufspruch.

Sie setzen sich wieder.

Die Kindergartenkinder haben für Leonie und Tom gute Wünsche gemalt, die überreichen sie ihnen jetzt. Leonie freut sich. Sie entdeckt ein Bild mit einer großen Familie, eines mit einem Garten, eines, wo sie mit Freundinnen spielt, eines, wo sie liest.

Nach dem Gottesdienst kommen viele Leute zu ihr und gratulieren ihr.

Sie essen Kürbissuppe. Die schmeckt seltsam, aber es geht.

Zu Hause feiern sie weiter. Leonie bekommt viele Geschenke.

Sie schaut ihre Taufurkunde an: Da steht ihr Name, das Datum der Taufe und die Namen der Paten, dazu der Taufspruch und die Unterschrift von Pfarrerin Menzel.

Leonie ist froh, jetzt gehört sie richtig dazu.

Viele Fotos werden gemacht, die sie an diesen Tag erinnern werden.

Als alle weg sind, räumen sie noch auf.

Vater liest ihr aus ihrer neuen Kinderbibel die Geschichte vom Kämmerer aus dem Morgenland vor (Apostelgeschichte 8, 26-39). Da wird ein Erwachsener getauft. Am Ende ist er froh.

Das ist Leonie auch. Zufrieden und müde schläft sie ein.

Für die Erwachsenen

Die Taufe

Grundsätzliches

Durch die Taufe werden Menschen in die christliche Gemeinde aufgenommen.

Das deutsche Wort Taufen kommt von Unter-tauchen.

Ursprünglich war das auch so: Die Menschen, die durch den Täufer Johannes getauft wurden, wurden ganz untergetaucht. Der Kämmerer aus dem Morgenland wurde ganz untergetaucht.

In der orthodoxen Kirche (Säuglinge) und in den evangelischen Freikirchen (Erwachsene) ist es heute noch so, dass Menschen ganz untergetaucht werden.

Dies geschieht in Anlehnung an einen Bibeltext aus dem Brief des Apostels Paulus an die Römer: Römer 6,1-11.

Dort wird das neue Leben im Glauben mit der Auferstehung gleichgesetzt, d.h. wir sind erst begraben und erstehen dann auf. So wie jemand, der unter Wasser bleibt, auch sterben muss.

Die Paten „hoben" die Kinder aus der Taufe, d.h. sie holten sie aus dem Becken heraus.

Das Symbol Wasser steht für Reinheit und Lebendigkeit.

Der Aspekt der Reinigung lehnt sich an an jüdische rituelle Reinigungsbäder.

Der Aspekt der Lebendigkeit lehnt sich an an Worte wie Psalm 36,10: „Denn bei dir ist die Quelle des Lebens, und in deinem Lichte sehen wir das Licht."

Im Neuen Testament wurde vor allem das Wort bapto (eintauchen) gebraucht. Von bapto kommen auch die Baptisten, eine evangelische Freikirche, die erst Menschen tauft, die bereits gläubig geworden sind.

In manchen Kirchen gibt es, teils noch riesige, Taufbecken, in anderen nur Taufschalen für das Taufwasser.

Dies Wasser ist ganz normales, leicht angewärmtes Wasser.

Manche Christen haben eine enge Verbindung zu Israel und lassen ihre Kinder gern mit Jordan-Wasser taufen.

Grundsätzlich aber ist es gleichgültig, woher das Wasser kommt.

Wir gehen davon aus, dass dies in der Urchristenheit fließende Gewässer waren.

Symbole

Außer Wasser, s.o., gibt es in vielen Gemeinden nichts.

Zunehmend gewinnt die aus der katholischen Kirche bekannte Taufkerze an Bedeutung.

Zum Teil wegen der konfessionsverbindenden Familien, aber auch, weil die Menschen noch ein Zeichen suchen.

Im evangelischen Bereich hat die Taufkerze eine pädagogische Bedeutung: Sie ist Merkzeichen für Christus als Licht der Welt und Erinnerungszeichen an die eigene Taufe.

Zeichen wie die Signierung mit dem Kreuzzeichen in den frühen Jahrhunderten sind verloren gegangen.

Bis zum 4. Jahrhundert etwa wurde auch dem Teufel abgeschworen.

Ebenso wurde dem Täufling Salz dargereicht. Salz vermutlich deshalb, weil es die Fäulnis von Lebensmitteln hemmt: Der Täufling soll nicht in der Welt verderben, sondern ein versiegeltes Leben vor Gott führen.

Kindertaufe und Erwachsenentaufe

In Verbindung mit der Erbsündelehre – alle sind sündig und werden verdammt, wenn sie nicht zum Glauben gefunden haben – wurde die mündige Erwachsenentaufe eines gläubigen Menschen mehr und mehr durch die Säuglingstaufe ersetzt.

In manchen katholischen Gegenden war es bis in unsere Zeit lange Brauch, mit ungetauften Kindern nicht aus dem Haus zu gehen.

Da wir heute die christliche Erziehung für sehr wesentlich halten, hat sich das gewandelt.

In unserem Evangelischen Gesangbuch ist noch ein Formular für eine Nottaufe vorgesehen. Diese kann jede Christin und jeder Christ vollziehen, falls ein Säugling zu sterben droht.

Jedoch kann die Gnade Gottes nicht von diesem menschlichen Akt abhängig sein. Auch ist es nicht mehr so, dass nur diejenigen Kinder auch kirchlich bestattet werden, die zuvor getauft wurden.

Was ist „richtig“?

Die allermeisten biblischen Texte gehen von der mündigen Erwachsenentaufe aus. Sie ist dann das Zeichen, durch welches dieser Mensch seine Zugehörigkeit zu Jesus Christus bekräftigt.

In der Apostelgeschichte, z.B. 16,33, finden sich Aussagen darüber, dass jemand mit allen seinen Angehörigen getauft wird. Diese werden vielfach zitiert, um die Kindertaufe zu rechtfertigen.

Ich denke, entscheidend ist das Verständnis von der Gnade Gottes: Sie wird uns ohne alles Verdienst umsonst zuteil. Jesus Christus ist für uns gestorben, als wir noch Sünder waren.

Säuglinge können wie wir alle im Grunde genommen nichts tun, um sich selbst vor Gott zu rechtfertigen, doch bei einem hilflosen Säugling wird die zuvorkommende Gnade Gottes besonders deutlich.

Beide Möglichkeiten, Kinder- und Erwachsenentaufe, haben ihre Berechtigung.

Die Eltern entscheiden für ihre Kinder. Zunehmend, wie im vorliegenden Buch, sprechen äußere Gründe (fehlende Paten z.B.) dafür, dass Taufen aufgeschoben werden, bis die Kinder selbst das verlangen.

Oft ist es im Kindergarten- oder Schulalter, zunehmend auch im Zusammenhang mit der Konfirmation.

Letzeres macht auch besonderen Sinn, da der Konfirmandenunterricht ein nachgeholter Taufunterricht ist.

Da man bei den Säuglingen kein Wissen und Verstehen voraussetzen kann, werden sie als Jugendliche ab ca. 12 Jahren mit dem christlichen Glauben bekannt gemacht. In der Konfirmation (=„Bekräftigung") sagen sie Ja zu ihrer Taufe und werden vollmündige Gemeindeglieder. Nun wissen sie selbst Bescheid und können auch das Patenamt übernehmen.

Ökumene

Die Taufe wird zwischen der evangelischen und katholischen Kirche anerkannt.

Die Baptisten erwarten eine sogenannte Wiedertaufe.

D.h., wer zum Glauben kommt, wird nochmals getauft.

Damit wird die Gültigkeit der Säuglingstaufe außer Kraft gesetzt.

In evangelischem Verständnis ist die Taufe ein Akt der Zuwendung Gottes zum einzelnen Menschen und Zeichen der Gnade Gottes. Sie ist die einzige Möglichkeit, in die Gemeinde aufgenommen zu werden.

Sehr wichtig ist die christliche Erziehung.

Nach katholischem Verständnis ist der einmalige Akt der Taufe das Entscheidende, daher ist dort z.B. auch eine Taufe möglich, wenn die Eltern keiner Kirche angehören und somit eine christliche Erziehung nicht vorausgesetzt werden kann.

Paten können alle werden, die zur Arbeitsgemeinschaft christlicher Kirchen gehören. Dazu gehören die großen Kirchen und einige Freikirchen.

Texte

Glaubensbekenntnis

Das sogenannte „apostolische" Glaubensbekenntnis aus dem 5. Jahrhundert verbindet die Kirchen.

Zwar sprechen die römisch-katholischen Christinnen und Christen: „Ich glaube an den Heiligen Geist, die heilige katholische Kirche..." Doch katholisch heißt auf deutsch: allgemein. Diese Übersetzung kann das gemeinsame Sprechen erleichtern.

Ich glaube an Gott,
den Vater, den Allmächtigen,
den Schöpfer des Himmels und der Erde.
Und an Jesus Christus,
seinen eingeborenen Sohn, unsern Herrn,
empfangen durch den Heiligen Geist,
geboren von der Jungfrau Maria,
gelitten unter Pontius Pilatus,
gekreuzigt, gestorben und begraben,
hinabgestiegen in das Reich des Todes,
am dritten Tage auferstanden von den Toten,
aufgefahren in den Himmel;
er sitzt zur Rechten Gottes,
des allmächtigen Vaters;
von dort wird er kommen,
zu richten die Lebenden und die Toten.
Ich glaube an den Heiligen Geist,
die heilige christliche Kirche,
Gemeinschaft der Heiligen,
Vergebung der Sünden,
Auferstehung der Toten
Und das ewige Leben. Amen

Der Taufspruch

Jedem Täufling wird ein Taufspruch mitgegeben.

Dieser Vers, oder manchmal sind es auch zwei Verse, stammen immer aus der Bibel.

D.h. dieser Spruch ist mehr als ein guter Wunsch, es ist Gottes Wort, welches über das Leben des Täuflings gesprochen wird.

Der Spruch wird ins Stammbuch eingetragen, ebenso in die Taufurkunde und die Patenurkunden.

Oft suchen die Eltern mit den Paten diesen Spruch aus. Sie haben so die Möglichkeit, ihre Vorstellungen für das Leben des Kindes auszudrücken.

Pfarrerinnen und Pfarrer stellen dazu Listen geeigneter Bibelverse zur Verfügung.

Hilfreich kann es auch sein, eine Bibel auf das „Fettgedruckte" hin durchzusehen. Das sind markante und einprägsame Verse.

Zunehmend bedienen sich Taufeltern auch des Internets, um einen Taufspruch zu finden.

Der Taufspruch bzw. die Suche danach ist immer auch Gegenstand des Taufgespräches, welches Pfarrerinnen und Pfarrer mit der Familie zur Vorbereitung der Taufe führen.

<u>Gebete</u>

Die Taufhandlung mündet in ein Gebet für den Täufling.
Inhalte sind: Das Leben des Täuflings überhaupt (Gesundheit und Bewahrung) und sein Weg in der christlichen Gemeinde hin zum Glauben.
Manchmal formulieren und sprechen die Paten dies Gebet. So übernehmen sie direkt ihre „Amts-Verantwortung".

Beispiele:

Herr Jesus Christus, wir bitten dich für ....
Du hast ihn/sie in deine Gemeinde aufgenommen.
Behüte ihn/sie und erfülle deine Versprechen an ihm/ihr.
Gib uns, den Eltern, Paten und der Gemeinde, offene Herzen, Ohren und Augen, dass er/sie durch uns deine Liebe erkennt.
Amen

Gott, wir danken dir für...
Du hast sie lieb.
Hilf auch uns, sie lieb zu haben.
Wir wollen ihr durch unsere Worte und unser Handeln
deine Liebe zeigen.
Hilf, dass sie darin geborgen aufwächst.
Zeige der Familie und den Paten, wie sie ihren Glauben an dich bekennen und vorleben können, sodass ...
einmal selbst Ja zu ihrer Taufe sagen kann.
Amen

Lieder

Hierzu sei auf die kirchlichen Gesangbücher verwiesen.
Lediglich zwei häufig gewünschte Lieder werden hier vorgestellt:

Liebster Jesu, wir sind hier,
deinem Worte nachzuleben;
dieses Kindlein kommt zu dir, weil du den Befehl gegeben,
dass man sie zu dir hinführe, denn das Himmelreich ist ihre.

(Benjamin Schmolck 1704 aus dem Evangelischen Gesangbuch der Evangelischen
Kirche im Rheinland, Westfalen, Lippe, Nr. 206,V.1)

Ich möcht', dass einer mit mir geht,
der's Leben kennt, der mich versteht,
der mich zu allen Zeiten kann geleiten.
Ich möcht', dass einer mit mir geht.

Ich wart', dass einer mit mir geht,
der auch im Schweren zu mir steht,
der in den dunklen Stunden mir verbunden.
Ich wart, dass einer mit mir geht.

Es heißt, dass einer mit mir geht,
der's Leben kennt, der mich versteht,
der mich zu allen Zeiten kann geleiten.
Es heißt, dass einer mit mir geht.

Sie nennen ihn den Herren Christ,
der durch den Tod gegangen ist;
er will durch Leid und Freuden mich geleiten.
Ich möcht´, dass er auch mit mir geht.

(Hans Köbler 1964, Quelle s.o. Nr. 209,1-4)

Mit Kindern über den Tod sprechen

Noemi und Benjamin erleben das Sterben und den Tod ihrer Oma. Sie sind erschrocken und traurig, haben aber auch viele Fragen.
Das Sachbilderbuch für Kinder im Alter von 4–10 Jahren begleitet Noemi und Benjamin auf ihrem Trauerweg und ist Eltern und Erziehenden Sprachhilfe in einer Situation, die oft sprachlos macht.

Elke Voß
Schaut Oma uns aus dem Himmel zu?
Noemi und Benjamin fragen nach dem Tod
kartoniert, 40 Seiten
ISBN 978-3-7615-5847-8